Succession de M. W. W. HOPE.

CATALOGUE

DU RICHE

MOBILIER

OBJETS D'ART ET DE CURIOSITÉ

Porcelaine de Sèvres, de Chine et du Japon, Faïences anciennes, Bronzes d'art, Marbres, Matières dures, Antiquités Égyptiennes, Verreries et Terres cuites antiques, Bois et Ivoires sculptés, Émaux de Limoges, Bijoux, Tabatières, Miniatures et Portraits en émail, Laques et Objets de Chine et du Japon, Arbustes, Plantes rares, etc.

TABLEAUX & DESSINS ANCIENS & MODERNES
GRAVURES

385 kilogrammes d'Argenterie et Vermeil

Dépendant de la succession de M. W. HOPE.

DONT LA VENTE AUX ENCHÈRES PUBLIQUES AURA LIEU

EN SON HOTEL

Rue Saint-Dominique-St-Germain, 131.

LES LUNDI 4, MARDI 5, MERCREDI 6, JEUDI 7,
VENDREDI 8, SAMEDI 9, LUNDI 11, MARDI 12, JEUDI 14, VENDREDI 15
ET SAMEDI 16 JUIN 1855, à MIDI.

Par le ministère de Me POUCHET, Commissaire-priseur,
Assisté de M. RIDEL, son prédécesseur, 333, rue Saint-Honoré,
Et de M. Rondel, Expert, rue Lemercier, 64, à Batignolles.

EXPOSITION PUBLIQUE
Le samedi 2 juin, de midi à quatre heures.

PARIS
MAULDE ET RENOU
IMPRIMEURS DE LA COMPAGNIE DES COMMISSAIRES-PRISEURS,
Rue de Rivoli, n° 144

1855

CONDITIONS DE LA VENTE

Elle sera faite au comptant.

Les acquéreurs paieront en sus des adjudications 5 cent. par franc, applicables aux frais.

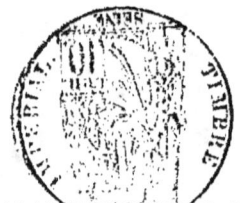

ORDRE DES VACATIONS.

1re vacation, Lundi 4 juin.

Argenterie et Vermeil, n° 30 du Catalogue.

2e et 3e vacations, Mardi 5 et Mercredi 6 juin.

Porcelaines d'ancien Sèvres, n° 134, et du n° 251 à 331.
Porcelaines de Chine et du Japon, 332 à 375.
Porcelaines diverses, 376 à 386.
Faïences anciennes 387 à 427.

4e vacation, Jeudi 7 juin.

Matières dures, 474 à 491.
Antiquités égyptiennes, 492 à 510.
Verreries et Terres cuites antiques, 511 à 542.
Marbres, 437 à 459.

5e et 6e vacations, Vendredi 8 et Samedi 9 juin.

Bois sculptés, 543 à 563.
Ivoires sculptés, 564 à 583.
Emaux de Limoges, 584 à 599.
Bijoux et objets montés en or et en argent, 600 à 658.
Gravures de bijoux et d'ornements du xvie siècle, 659 à 660 *bis*.
Miniatures et portraits en émail, 661 à 693.

7e vacation, Lundi 11 juin.

Laques et objets divers de Chine et du Japon, 694 à 717 *bis*
Objets divers de curiosité, 718 à 758.
Objets indiqués pour les Vacations précédentes et qui n'auraient pu être vendus.

8ᵉ vacation, Mardi 12 juin.

ableaux et Dessins anciens et modernes, Pastels, Gravures anciennes.

9 10ᵉ et 11ᵉ vacation, Jeudi 14, Vendredi 15 et Samedi 16 juin.

ilier, objets d'art et de curiosité, du n⁰ 1 à 134, et du n⁰ 135 à 242.
Bronzes d'art, 428 à 438.
Marbres, 460 à 473.
Arbustes, plantes et objets de jardin, 245 à 250.

Nota. L'ordre numérique indiqué au Catalogue ne sera pas suiv lors de la vente.

CATALOGUE

DU

MOBILIER

OBJETS D'ART ET DE CURIOSITÉ

Garnissant l'Hôtel de feu M. W. HOPE.

MEUBLES ET BRONZES D'AMEUBLEMENT.

REZ-DE-CHAUSSÉE.

Vestibule.

1 — Deux banquettes à dossiers en acajou, couvertes en velours grenat.
2 — Brosse à pieds en acajou.

Première Antichambre.

3 — Deux porte-habits en acajou.
4 — Un bureau en acajou avec dessus en basane.
5 — Deux canapés en acajou, couverts en velours grenat
6 — Une niche à chien, en acajou.
7 — Un lustre lampadaire à six caryatides, garni de ses six lampes en bronze doré.

Deuxième Antichambre à gauche.

8 — Pelle, pincette, portoir en cuivre et fer.
9 — Une paire de chenets en cuivre, avec grille à charbon en fonte.
10 — Un lampadaire de style flamand à trois branches et garni de ses trois lampes.
11 — Un régulateur composé d'une pendule, époque Louis XIII, marquant les heures et les secondes, du nom de Gaudron, dans une cage en écaille, avec chapiteaux et ornements dorés, sur gaîne en ébène, aussi avec ornements dorés.
12 — Un bahut en bois sculpté.
13 — Un grand fauteuil en bois sculpté couvert en tapisserie ancienne.
14 — Trois chaises style flamand en bois sculpté, couvertes en velours vert.
15 — Un fauteuil style flamand en bois sculpté, couvert en velours vert.
16 — Deux paires de rideaux de croisées en velours vert, avec leurs accessoires.
17 — Un tapis de foyer en fourrure.

Salle à manger en acajou.

18 — Un lustre en cristal anglais à trente bougies.
19 — Six bras appliques à douze bougies, aussi en cristal anglais, avec monture en bronze doré.
20 — Deux candelabres aussi en cristal anglais à dix-sept bougies, sur pied en acajou sculpté et avec monture en bronze doré.

21 — Une table à manger sur un pied à griffe en acajou et à rallonges.
22 — Une autre table à manger sur un seul pied aussi en acajou avec rallonges.
23 — Un grand dressoir en acajou sculpté.
24 — Deux consoles étagères en acajou.
25 — Vingt-quatre chaises en acajou, couvertes en maroquin violet.
26 — Un tapis en Aubusson haute laine, à rosace et bordures, sur fond amaranthe.
27 — Deux paires de rideaux de fenêtres en velours imprimé.
28 — Huit coussins de pieds couverts en moquette anglaise.

PORCELAINES ET CRISTAUX DE SERVICE.

29 — Quantité de porcelaines et cristaux pour service de table et de soirée, et pièces d'ornement.

ARGENTERIE.

30 — Trois cent quatre-vingt-cinq kilogrammes d'argenterie et vermeil: couteaux de table et de dessert.

(Voir le catalogue spécial.)

Petite Salle à manger en chêne.

31 — Une galerie en bronze, pelle, pincette, portoir.
32 — Une suspension de lampe en bronze doré, garnie de sa lampe.

130 33 — Quatre supports de lampes appliques en zinc en couleur or.
299 34 — Une servante du temps de Louis XVI, en bois rose, avec cuvette et ornements en bronze doré.
     35 — Une table en chêne sur un seul pied sculpté, avec quatre rallonges et demie, aussi en chêne.
     36 — Une étagère en chêne sculpté.
     37 — Un buffet étagère sculpté.
     38 — Un tapis d'Aubusson haute laine à médaillons et bordure de diverses couleurs.
     39 — Lambrequins de fenêtres avec pentes en velours imprimé.

Fumoir.

     40 — Une paire de feux flamands en bronze.
     41 — Pelle, pincette, portoir, tisonnier.
     42 — Un porte-cigarre en bronze.
     43 — Une pendule du XIVe siècle en bronze gravé et doré, à colonnes et chapiteaux.
     44 — Une boîte à liqueurs en bois de courbary, garnie de ses cristaux.
     45 — Deux petits guéridons torchères, en bois de chêne sculpté.
     46 — Un meuble formant commode à quatre tiroirs en bois de chêne sculpté et surmonté d'une armoire à deux ventaux vitrés formant porte-pipes.
     47 — Une autre armoire vitrée, porte-pipes en bois de chêne sculpté.
     48 — Un meuble d'encoignure en bois sculpté à panneaux pleins par le bas et à deux ventaux vitrés par le haut, contenant des casiers à cigares.

49 — Un meuble en acajou couvert en lampas à dessins blancs et verts, sur fond cerise, composé d'un canapé, garni de deux oreillers, trois fauteuils de diverses formes et huit chaises.
50 — Deux rideaux de croisées en satin cerise à dessins verts et blancs, doublés en soie cerise, et leurs accessoires.
51 — Un tapis en Aubusson fond grenat, à rosace et bordure.

Serre.

52 — Deux canapés à dossiers demi-circulaires, couverts en vénitienne.
53 — Un tapis en moquette fond vert.
54 — Deux tabourets en porcelaine de Chine décorée.
55 — Un guéridon, trois chaises et un fauteuil en fer.

Salle de Billard.

56 — Une galerie en cuivre, pelle, pincette, tisonnier, deux portoirs en bronze doré.
57 — Un garde-feu en cuivre.
58 — Une pendule du temps de Louis XIV en bronze doré : l'Enlèvement d'Europe.
59 — Deux candelabres à sphinx, aussi en bronze et or, et à six bougies.
60 — Deux flambeaux cassolettes en bronze doré.
61 — Deux bras à six bougies et formant support de lampes en bronze doré.
62 — Un lustre en bronze doré, à figures et à soixante lumières.

120   63 — Un jeu de quatre petites tables en acajou.

2800   64 — Un billard de Chereau en bois de palissandre,
              pieds à griffes et têtes de lions en bronze doré,
              avec tous ses accessoires.

430   65 — Un tapis de billard en étoffe de soie ancienne,
              satin blanc brodé or et soie de diverses couleurs.

       66 — Un éclairage de six lampes avec leurs supports.

144   67 — Une banquette d'encoignure à dossier, couverte en
              damas de soie rouge, et son estrade couverte en
              velours.

       68 — Deux garnitures de fenêtres, composées chacune de
              deux rideaux de croisée en damas de soie rouge
1410   et un rideau store en gros de Naples blanc, avec
              accessoires.

       69 — Quatre paires de rideaux de portières avec pentes
              en damas de soie rouge, doublés en soie.

140   70 — Un tapis de pieds en feutre imprimé, à dessins
              rouge sur fond noir.

Salon.

       71 — Pelle, pincette, balai, tisonnier en fer poli.
40   72 — Deux coquilles en bronze doré.
131   73 — Une galerie avec cornes d'abondance en bronze
              doré.

       74 — Une pendule de style monumental, à caryatides et
2600   figures, en bronze doré.

       75 — Une paire de candelabres à têtes de béliers en
              bronze doré et à dix bougies.

1755   76 — Quatre bras candelabres à quatre branches, for-
              mant aussi lampadaire, en bronze rocaille doré.

77 — Un lustre en bronze doré, orné de cristaux et à quatre-vingt-huit lumières.

78 — Un baromètre et un thermomètre en ébène, du temps de Louis XIV.

79 — Une paire de meubles à hauteur d'appui en ébène, à panneaux sculptés et à colonnes torses, dessus de marbre en brèche, époque Louis XIII.

80 — Une table de milieu de forme octogone, en ébène, avec inscrustations de cuivre, ornements en bronze doré, et son tapis en satin cerise brodé en soie.

81 — Un petit guéridon aussi en ébène, avec inscrustations en cuivre et ivoire.

82 — Une table-bureau en ébène, avec inscrustations en cuivre et ivoire, et cercle en bronze doré, garnie de deux tiroirs sur les côtés.

83 — Une autre table-bureau, avec mosaïque, ornements en bronze doré, garnie d'un tiroir.

84 — Deux encoignures en marqueterie de bois et bois rose, à dessus de marbre blanc, époque Louis XVI.

85 — Un piano à queue en acajou des ateliers d'Erhard, à sept octaves.

86 — Un tabouret de piano en acajou, couvert en satin cerise.

87 — Un porte-musique en acajou.

88 — Un meuble de salon en ébène, avec ornements en bronze doré, couvert en damas de soie rouge, composé de deux grands canapés, deux causeuses, six fauteuils, six chaises et deux chauffeuses, avec housses en soie.

89 — Trois garnitures de fenêtres composées chacune de deux paires de rideaux en damas de soie rouge doublés en satin, avec bordures en brocart et embrasses en fin, lambrequins aussi en brocart, et deux rideaux en soie blanche.
90 — Un grand tapis de Smyrne.
91 — Un autre tapis de Smyrne pour foyer.
92 — Un écran en bois doré garni en damas de soie rouge.
93 — Un autre écran en fer garni en soie cerise.

Cabinet de travail.

94 — Deux jardinières en ébène, avec ornements en bronze doré.
95 — Pelle, pincette et tisonnier en fer poli, avec coquille en bronze.
96 — Une galerie de cheminée en bronze doré.
97 — Une pendule en marbre noir.
98 — Un candelabre à huit branches en bronze.
99 — 1 pendule de forme sphérique sur socle monumental, à colonnes en marbre de Sienne, avec figure en bronze doré.
100 — Un bureau avec casier et tiroirs en bois d'érable, incrustations en palissandre.
101 — Un fauteuil de bureau en même bois, couvert en maroquin bleu.
102 — Un autre fauteuil en même bois, couvert en même maroquin.
103 — Un fauteuil aussi en bois d'érable, couvert en maroquin bleu, et garni d'un pupitre à lire.

104 — Deux chaises gondoles couvertes en maroquin bleu, sur pied en frêne.

105 — Un fauteuil mécanique en acajou, sur roulettes, et couvert en maroquin vert.

106 — Douze chaises en érable, avec incrustations en palissandre, couvertes en satin bleu, à rosace blanches.

107 — Deux garnitures de croisées, composées chacun de deux rideaux en damas de soie blanche, doublés en soie blanche, et deux rideaux en 16/16 blanc, avec leurs accessoires.

108 — Un tapis d'Aubusson haute laine, à bordure et médaillon sur fond vert.

109 — Un tapis de foyer, haute laine.

110 — Un casier en érable, avec tablettes garnies de velours.

111 — Un paravent à six feuilles, en velours bleu et à charnières brisées.

Chambre à coucher.

112 — Pelle, pincette, deux portoirs en bronze.

113 — Une galerie à dragons, en bronze doré.

114 — Une paire de flambeaux, en bronze doré.

115 — Une pendule, style renaissance, en bronze doré, avec plaques en lapis et autres matières dures, sur socles aussi en bronze doré, orné de pierres de couleurs.

116 — Un coffret en fer poli.

117 — Un cartel à tirage du temps de Louis XVI, en bronze doré.

118 — Un verre d'eau en cristal, sur plateau à glace.

119 — Un tête-à-tête de sept pièces, sur plateau en porcelaine décorée.

120 — Un lustre en bronze doré, à figures et à soixante lumières.

121 — Un ameublement composé d'une couchette, deux commodes, une armoire à glace, une table de nuit, une table à ouvrage et une table de sopha, en bois de courbary, avec incrustations de cuivre.

122 — Une causeuse, un grand fauteuil garni d'un pupitre à lire, un fauteuil Voltaire, deux fauteuils Pompadour, deux chaises à dossiers garnis, et deux autres chaises en bois de courbary, avec incrustations de cuivre, couvert en damas de soie paille, à dessins blancs.

123 — Une chaise chauffeuse, couverte en même étoffe.

124 — Une table ronde en acajou et son tapis broché.

125 — Un écran en acajou, garni en tapisserie à la main.

126 — Une garniture de croisée et une garniture d'alcôve, en damas de soie paille, à dessins blancs et damas blanc.

127 — Coucher complet.

128 — Un édredon, couvert en soie paille.

129 — Un couvre-pieds en satin, brodé en soie.

130 — Un coussin en tapisserie.

131 — Une descente de lit en tapisserie.

132 — Un tapis de pieds en Aubusson, haute laine, avec bordure et rosace.

Boudoir.

133 — Une paire de chenêts et un garde-feu en cuivre, pelle, pincette et portoir en bronze doré.

134 — Une garniture de cheminée en porcelaine de Sèvres, pâte tendre, décor gros bleu, monture Louis XVI, en bronze doré, composé d'une pendule, forme vase, à cadran horizontal, sur socle, orné de trois médaillons à attributs et de deux vases à anses, ornés chacun de deux médaillons, paysages, marines et figures.

135 — Une paire de petits flambeaux en argent.

136 — Un lustre à huit bougies, en bronze doré, de style gothique.

137 — Deux paires de bras à cinq bougies, aussi en bronze doré, de même style.

138 — Une jardinière en bois rose, avec ornements en bronze doré, et garnie de cinq plaques en porcelaine de Sèvres, décor à bouquets avec bordures bleu turquoise.

139 — Une table à ouvrage en bois rose, ornements en bronze doré et garnie de quatre plaques en porcelaine, décor bleu turquoise et bouquets.

140 — Un bonheur du jour en marqueterie et bois rose, avec ornements en bronze doré et garnie de cinq plaques en porcelaine de Sèvres, décor bleu turquoise, à médaillons sujet pastoral, fleurs et oiseaux.

141 — Une petite montre en acajou du temps de Louis XVI, avec filets et cercles en bronze doré.

142 — Un guéridon en cuivre ciselé et doré, avec plaques et appliques en argent, époque Louis XIII.
143 — Une chaise fumeuse en palissandre et tapisserie.
144 — Un canapé et un fauteuil Pompadour, couverts en étoffe de soie ancienne, à dessins de diverses couleurs sur fond bleu.
145 — Deux rideaux de croisée avec pentes en même étoffe, et un rideau store en damas de soie blanc avec leurs accessoires.
146 — Un tapis de pieds en moquette, à dessins de diverses couleurs sur fond bleu.
147 — Un baromètre-thermomètre en bois sculpté et doré du temps de Louis XVI.

Deuxième Serre.

148 — Une cage en fil de fer avec jet d'eau.

Cabinet de Toilette.

149 — Garde-feu en cuivre, pelle, pincette, portoir.
150 — Une pendule à colonnes en acajou, avec ornements dorés.
151 — Une toilette en acajou et sa garniture en porcelaine, un miroir à barbe sur pied en palissandre.
152 — Une causeuse et une chaise, couvertes en damas de soie bleue.
153 — Un fauteuil, à oreilles, en acajou, couvert en velours bleu.
154 — Un baromètre-thermomètre en acajou; un tapis en moquette.

Grand Escalier conduisant au premier étage.

- 155 — Une lanterne de vestibule en cuivre et son quinquet.
- 156 — Une id. id. id.
- 157 — Six lampadaires à colonne cannelée en bronze doré.
- 158 — Deux id. id. en carton pâte.
- 159 — Quatorze jardinières en acajou.
- 160 — Trois porte-habits en acajou.
- 161 — Quatre banquettes en acajou.
- 162 — Trois id. à dossiers.
- 163 — Une id. id.
- 164 — Une grande et belle lanterne en cuivre avec guirlandes en bronze.

PREMIER ÉTAGE.

Antichambre.

- 165 — Un lampadaire à huit branches supportées par un groupe de trois enfants en bronze antique et florentin, style Louis XIV, sur socle en marbre bleu turquin.
- 166 — Six fauteuils et quatre chaises en bois sculpté et doré du temps de Louis XVI, couverts en satin cerise avec dessins blancs.
- 167 — Deux paires de rideaux de croisées avec pentes en satin cerise, à dessins blancs, doublés en soie cerise.
- 168 — Une paire de torchères en marqueterie de Boule, avec ornements en bronze doré.

Pièce dite Vestiaire.

169 — Une galerie en bronze doré.
170 — Pelle, pincette, portoir, garde-feu, etc.
171 — Une pendule hollandaise du temps de Louis XIII, dans sa cage en ébène.
172 — Une paire de flambeaux en bronze doré.
173 — Un bureau à casier en acajou.
174 — Deux fauteuils Voltaire en noyer, couverts en damas de laine grenat.
175 — Un tapis d'Aubusson, haute laine à rosace.

Grande Salle des Festins.

176 — Un très beau lustre en bronze doré, rocaille à 104 bougies.
177 — Huit bras appliques en bronze doré, même style, à treize bougies chacun.
178 — Quarante chaises en acajou, couvertes en velours rouge.
179 — Une grande table à manger, sur tréteaux, en bois de chêne.
180 — Six paires de rideaux avec pentes en étoffe tapis, doublés en soie verte, et leurs accessoires.
181 — Trois dressoirs étagères en acajou sculpté.

Premier Salon.

182 — Une paire de feux à dragons en bronze doré.
183 — Une pendule de Boule, Vénus à la coquille, en bronze florentin du temps de Louis XIV.

184 — Deux candelabres à dix bougies en bronze doré, supportés par des groupes de satyres et bacchantes en bronze florentin, sur socles rocailles en bronze doré.
185 — Deux paires de bras à neuf bougies, en bronze florentin et doré.
186 — Un lustre à vingt-quatre bougies en cristal de roche et bronze doré du temps de Louis XV.
187 — Une console en bois sculpté et doré, à dessus de marbre brèche violette.
188 — Un meuble en bois sculpté et doré, couvert en tapisserie d'Aubusson, composé de : un canapé, une causeuse, six fauteuils et six chaises.
189 — Deux paires de bonnes-grâces pour fenêtres, deux panneaux et une bande d'entre-deux en même tapisserie d'Aubusson.
189 — Un tapis d'Aubusson.

Grand Salon.

190 — Une paire de feux à vases, en bronze doré, style Louis XIV.
191 — Deux coquilles en bronze doré rocaille.
192 — Une très belle garniture de cheminée, style Louis XIV, composée d'une pendule et deux candelabres à figures en bronze doré.
193 — Une paire de candelabres à bouquets de lys, supportés par des figures en bronze doré.
194 — Une paire de bras, bouquets de lys à huit bougies, en bronze doré.
195 — Deux autres paires de bras à quatorze bougies, en bronze doré rocaille.

196 — Un magnifique lustre en cristal de roche et bronze doré, Louis XV et à soixante-six bougies.

197 — Deux vasques en porcelaine de Chine, décor bleu et blanc, socles en bois sculpté et doré.

198 — Une autre grande vasque en porcelaine de Chine décorée, sur socle en bois sculpté et doré.

199 — Une jardinière en porcelaine de Chine, décorée sur pieds à griffes avec socle en bois sculpté et doré.

200 — Une paire de belles potiches en porcelaine de Chine laquée, monture en bronze doré.

201 — Deux cornets id. non montés.

202 — Un très joli guéridon de forme octogone en mosaïque de Florence, sur porphyre oriental, monté sur un cep de vigne en bronze doré.

203 — Deux magnifiques consoles en bois sculpté et doré, à dessus de marbre mosaïque.

« Ces consoles, exécutées sous la direction de Michel-Ange, proviennent du palais des Doria, à Gênes. »

204 — Deux autres jolies consoles en bois sculpté et doré, à dessus de marbre mosaïque.

205 — Un meuble en bois sculpté et doré, couvert en brocart, composé de deux canapés, six fauteuils et huit chaises.

206 — Un écran en bois sculpté et doré, aux armes de M. Hope.

207 — Trois garnitures de fenêtres, composées chacune de deux rideaux en damas de soie rouge, doublés en soie avec bordures et pentes en brocart, et leurs accessoires.

208 — Un très beau tapis d'Aubusson.

Salon Dauphine.

209 — Une paire de feux à figures en bronze doré.
210 — Quatre lustres, genre de Boule, à vingt-quatre bougies, en bronze doré.
Ce lot sera divisé.
211 — Une jardinière en bronze doré rocaille et à figure.
212 — Une magnifique console, style Louis XIV, en mosaïque de Florence, avec ornements en bronze doré et à dessus de marbre vert.
213 — Un meuble de salon en bois sculpté et doré, couvert en étoffe de soie ancienne, à branches et bouquets de diverses couleurs, brodés sur fond blanc; composé d'un canapé, quatre fauteuils et huit chaises.
214 — Deux garnitures de fenêtres, composées chacune de deux rideaux avec pentes en même étoffe ancienne, doublés en soie verte, et leurs accessoirs.
215 — Quatre chaises en bois sculpté et doré, couvertes en damas de soie rouge.
216 — Une ottomane de forme ovale, couverte en étoffe de soie à dessin et bouquets de diverses couleurs sur fond blanc.

Salle de bal.

217 — Un grand candelabre en porcelaine du Japon et bronze doré, rocaille à seize bougies.
218 —   id.   id.   id.
219 —   id.   id.   id.
220 —   id.   id.   id.

221 — Un grand candelabre en porcelaine du Japon et bronze doré, rocaille à seize bougies.
222 —   id.   id.   id.
223 —   id.   id.   id.
224 —   id.   id.   id.
225 —   id.   id.   id.
226 —   id.   id.   id.
227 —   id.   id.   id.
228 —   id.   id.   id.
229 —   id.   id.   id.
230 —   id.   id.   id.
231 —   id.   id.   id.
232 —   id.   id.   id.
233 — Un très beau lustre en bronze doré à figures et à 72 bougies, orné de porcelaines du Japon.
234 —   id.   id.   id.
235 —   id.   id.   id.
236 — Seize chaises en bois doré, couvertes en damas de soie rouge.
237 — Seize banquettes à dossiers, couvertes en étoffe de soie à bouquets sur fond brun.
Ce lot sera divisé.
238 — Cinq banquettes à accotoirs et sans dossiers, couvertes en même étoffe.
239 — Deux tabourets en même étoffe.
240 — Six paires de bonnes-grâces en satin blanc, doublées en soie, avec lambrequins et bordures brodés sur fond blanc, et leurs accessoires.

Salle des Rafraîchissements.

241 — Un lustre à cinquante-six bougies, en bronze doré orné de cristaux.

242 — Deux rideaux en damas de soie bleue et leurs accessoires ; une grande table-buffet en bois blanc.

OBJETS DIVERS.

243 — Quantité de meubles en acajou, palissandre, chêne sculpté et bois doré ; glaces, couchers, rideaux, tapis, bronzes, pendules, etc., garnissant les appartements autres que ceux de réception.

244 — Quantité de pièces et coupons de brocart, damas de soie, 15|16, taffetas, velours et autres étoffes pour meubles et tentures ; marcelines, indiennes, passementeries, etc.

ARBUSTES ET PLANTES DE SERRE.

245 — Cinquante orangers en caisses, de moyenne grandeur.

246 — Huit lauriers en caisse.

247 — Soixante-dix-sept camélias rouges, blancs et panachés.

248 — Arbustes et plantes rares, tels que : Bambusa tabaxifera, — dracoena congest, — ficus feruginea, — begonia petata, — phœnix lconensis, palludosa, — mahonia, — strelitzia augusta, — aratia trifoliata, — strelitzia spatulata, — phœnix dactylifera, — cana indica, — astrapea pendulaeflora, — pendanus utilis, — dracœna draco, — begonia manicata, — hedychium coccineum, — musa sinensis, — trinax par-

viflora, — cana purpures, — hibiscus, — yucca arborea, — hoya carnosa, — caladium odoratissimum, — pendanus utilis, — musa sinensis, etc.

Jardin.

249 — Seize paires de vases forme Médicis en fonte, siéges de jardin, et un fort lot de terre de bruyère.

250 — Canards de la Caroline et autres; quelques oiseaux exotiques.

TABLEAUX

DESSINS ET GRAVURES

Voir le Catalogue spécial.

OBJETS D'ART
ET DE CURIOSITÉ

PORCELAINES D'ANCIEN SÈVRES.

251 — Un service en porcelaine de Sèvres, pâte tendre, décor à bouquets et ruban bleu, composé de :
Deux glacières.
Deux verrières.
Deux grands seaux à rafraîchir.
Quatre seaux à rafraîchir, plus petits.
Deux grands bols.
Quatre compotiers ovales.
Quatre   id.   à pans.
Quatre   id.   carrés, à angles arrondis.
Quatre   id.   ronds.
Deux sucriers.
Deux confituriers.
Deux plateaux garnis de treize petits pots.
Douze petites assiettes.
Soixante-douze assiettes.

252 — Un magnifique service en porcelaine de vieux Sèvres, fond bleu grand feu, ancien décor à bouquets, composé de :
Deux glacières.
Une jardinière.
Quatre seaux à rafraîchir.
Quatre grands bols.

Quatre compotiers ronds
Quatre id. ovales.
Quatre id. carrés, à angles arrondis.
Quatre id. forme coquille.
Deux sucriers.
Deux plateaux triangles supportant trois pots à confitures.
Deux plateaux ovales à deux pots.
(Le tout monté en bronze doré.)
Et soixante-douze assiettes.

253 — Un très-joli tête-à-tête en porcelaine d'ancien Sèvres, décor fond bleu grand feu à émaux de couleurs en relief; composé de deux tasses, un pot à crême, un sucrier et une théière.

254 — Une magnifique garniture de trois vases, décor à médaillons de fleurs, monture en bronze doré.

255 — Deux vases de forme ovoïde, avec socles, décor à médaillons, portraits de Henri IV et de Gabrielle.

256 — Une garniture de trois vases, fond gros bleu uni, fine monture en bronze doré, socles en marbre griotte.

257 — Une garniture de trois vases, semblable à la précédente.

258 — Une garniture de trois vases jardinières, forme éventail, riche décor à médaillons, sujets Watteau, et fleurs.

259 — Une jardinière, décor à médaillons, sujets pastoraux, monture en bronze doré.

260 — Une jardinière à médaillons, sujet pastoral, riche monture en bronze doré.

261 — Une grande jardinière ronde, à trois médaillons, sujets pastoraux, monture à trépied, en bronze doré.

262 — Deux bouts de table composés chacun d'un plateau à médaillons d'oiseaux et de fleurs, et d'une assiette à médaillons, sujets pastoraux, monture en bronze doré.

263 — Deux bouts de table composés chacun de deux assiettes, décor à sujets pastoraux.

264 — Deux grands bols, décor or et médaillons de fleurs, monture en bronze doré.

265 — Un sucrier ovale, décor à médaillons paysage, riche monture en bronze doré.

266 — Un sucrier rond, à médaillons de fleurs, monture en bronze doré.

267 — Deux cassolettes à médaillons d'oiseaux, monture en bronze doré.

268 — Un pot et sa cuvette, à médaillons de fleurs, monture en vermeil.

269 — Un pot et sa cuvette, à médaillons de fleurs, monture en vermeil.

270 — Un pot et sa cuvette, à médaillons de fleurs, monture en vermeil.

271 — Un pot et sa cuvette, décor à bordure de fleurs, monture en vermeil.

272 — Un pot et sa cuvette, à médaillons de fleurs.

273 — Deux petits vases forme Médicis, décor à médaillons d'oiseaux, monture en bronze doré.

274 — Deux petits vases Médicis, médaillons décor or.

275 — Deux petits vases, décor vermicellé or.

276 — Un vase forme ovoïde, sujet Watteau, monture en bronze doré.
277 — Une grande écuelle et son plateau, à médaillons d'oiseaux.
278 — Une grande écuelle avec plateau, décor or.
279 — Une grande écuelle avec plateau, à médaillons fleurs et fruits.
280 — Une écuelle et son plateau, à médaillons de fleurs.
281 —   Id.   Id.   Id.
282 —   Id.   Id.   à médaillons sujets pastoraux.
283 — Une petite écuelle, fond blanc et barbeau.
284 — Une petite théière, fond bleu, décor or.
285 — Un sucrier, décor à sujet marine.
286 — Un sucrier, décor de fleurs.
287 — Un   Id.   Id.
288 — Deux socles, fond bleu, décor or.
289 — Deux figurines, jardinier et jardinière, en blanc de Sèvres tendre.
290 — Un petit sucrier à médaillons d'oiseaux.
291 — Un autre petit sucrier sans couvercle.
292 — Un autre sucrier, décor à ruban bleu et fleurs.
293 — Un autre sucrier, décor à médaillon d'enfant.
294 — Un pot à crème, à médaillons enfants et oiseaux.
295 — Un ravier, à médaillons enfants et oiseaux.
296 — Un sucrier et son plateau, à médaillons d'oiseaux.
297 — Dix tasses carrées et leurs soucoupes, décor à médaillons de fleurs.
298 — Huit tasses carrées et leurs soucoupes, décor à médaillons de fleurs.

299 — Quatre tasses carrées et deux soucoupes, décor à médaillons vases de fleurs.
300 — Une tasse cul de poule et sa soucoupe, décor or et émaux, bleu turquoise.
301 — Une tasse cul de poule et sa soucoupe, décor or et émaux de couleurs.
302 — Deux tasses cul de poule et leurs soucoupes, riche décor à médaillons de fleurs.
303 — Une tasse à chocolat et sa soucoupe, décor à sujet paysage.
304 — Une tasse cul de poule et sa soucoupe, décor à médaillon vase de fleurs.
305 — Une tasse cul de poule et sa soucoupe, décor à médaillon camaïeu.
306 — Sept tasses cul de poule et leurs soucoupes, décor à médaillons d'oiseaux.
307 — Six tasses cul de poule et leurs soucoupes, décor à médaillons d'oiseaux.
308 — Une tasse cul de poule et sa soucoupe, décor à médaillons d'oiseaux.
309 — Une tasse forme vase, médaillon sujet pastoral.
310 — Deux plateaux triangulaires, décor à médaillons sujets Watteau.
311 — Un plateau rond, sujet oiseaux et fleurs.
312 — Un plateau à anses, à médaillon sujet marine.
313 — Un plateau ovale, décor à oiseaux.
314 — Un plateau ovale plus petit, décor oiseaux et paysage.
315 — Un plateau rond, à médaillons amours et fruits.
316 — Un plateau ovale, à sujet paysage.
317 — Un plateau rond, décor à médaillons d'oiseaux.

318 — Un plateau ovale à sujets de fleurs.
319 — Une assiette à potage, décor à sujet pastoral.
320 — Deux assiettes à potage, à sujet amour et fleurs.
321 — Douze assiettes, décor à médaillons de fleurs.
322 — Six assiettes, décor à oiseaux et fleurs.
323 — Cent vingt-cinq assiettes, décor à bouquets et à filets bleus.
324 — Neuf assiettes dépareillées à décors divers.
325 — Un bol, fond bleu turquoise, à médaillons de fleurs et fruits.
326 — Deux caisses à bouquets, fond vert, sujets médaillons d'amours.
327 — Une verrière, décor à bouquets.
330 — Deux vases de forme ovoïde en porcelaine, fond bleu grand feu, anses à serpents et décor à arabesques bronzés.
331 — Une coupe en porcelaine fond bleu avec émaux, décor à médaillons d'amour, monture en vermeil.

PORCELAINES DE CHINE ET DU JAPON.

332 — Une grande garniture de cinq vases en porcelaine du Japon, décor à figures.
333 — Une garniture de cinq vases en porcelaine du Japon.
334 — Une potiche en porcelaine du Japon, fond blanc, décor à figures et paysages.
335 — Trois potiches et un cornet en porcelaine du Japon.
336 — Deux potiches en porcelaine du Japon.
337 — Trois potiches en porcelaine du Japon.
338 — Une grande potiche en porcelaine du Japon.
339 — Deux potiches fond bleu, decor or.

340 — Deux potiches fond céladon, décor papillons et fleurs.
341 — Six cornets en porcelaine du Japon.
342 — Deux cornets forme vase   id.
343 — Deux bouteilles en porcelaine de Chine, décor à mandarins.
344 — Deux jardinières à pans en porcelaine de Chine, décor à mandarins.
345 — Deux jardinières carrées en porcelaine de Chine, décor à feuillage.
346 — Deux vases en porcelaine de Chine, décor à mandarins, formant lampes, monture en bronze doré.
347 — Deux magnifiques vases, bouteilles, formant lampes, en céladon gaufré, décor à oiseaux et fleurs, monture à figures d'enfants en bronze doré, aux armes de M. Hope.
348 — Deux grands vases, formant lampes en porcelaine de Chine, fond bleu empois, monture en bronze.
349 — Deux vases appliques avec figures de magots, en porcelaine de Chine.
350 — Deux figures de magots en porcelaine de Chine.
351 — Un beau vase gaufré à anses, en blanc de Chine, avec pied en bois de fer sculpté.
352 — Un plat en porcelaine du Japon.
353 — Deux pots à tabac en porcelaine de Chine, décor à médaillons de fleurs.
354 — Deux seaux en porcelaine de Chine.
355 — Deux vases à mandarins en porcelaine de Chine, monture rocaille en bronze doré.

356 — Une grande jardinière en porcelaine de Chine, fond bleu turquoise, décor à bouquets, monture en bronze doré.

357 — Deux grands vases formant lampes, en porcelaine Chine, décor à mandarins, monture en bronze doré.

358 — Beau vase de milieu en porcelaine de Chine, fond rouge jaspé, belle qualité ancienne et rare.

359 — Une jolie figure de grande dimension, dite pagode, à tête mobile, en porcelaine de Chine.

360 — Une soupière à mandarin, porcelaine de Chine.

361 — Deux perroquets en porcelaine de Chine émaillée violet, sur rocher bleu turquoise.

362 — Une grande carpe en porcelaine de Chine.

363 — Un chat couché, en porcelaine céladon, bleu turquoise, reposant sur un tabouret garni d'un coussin en bronze ciselé et doré.

364 — Un cornet décoré de peintures émaillées très fines, représentant des sujets d'intérieur, en porcelaine de Chine, dite coquille d'œuf.

365 — Très belle carpe formant vase, en porcelaine du Japon céladon, de couleurs variées.

366 — Une tasse en forme de fleur, en porcelaine de Chine, au centre de laquelle est debout un mandarin.

367 — Deux plaques sonores, en porcelaine de Chine, décorées d'ornements en relief.

368 — Deux coupes ovales en porcelaine de Chine décorée, anse à dragons.

369

369 — Un vase de forme ronde en porcelaine de Chine, fond laqué noir, incrusté de burgau, décor à personnages et arbres.

370 — Une petite tasse carrée et sa soucoupe, en émail de Chine.

371 — Deux petites tasses à pans et leurs soucoupes, en émail de Chine.

372 — Une tasse et sa soucoupe, émail bleu de Chine.

373 — Une tasse et sa soucoupe, émail jaune de Chine.

374 — Une tasse formant sucrier et sa soucoupe, en porcelaine du Japon, monture en argent.

375 — Une tasse forme fraise, en émail chinois.

PORCELAINES DIVERSES.

376 — Une jardinière en porcelaine à la reine, décor à quadrilles et petits bouquets.

377 — Une jardinière en porcelaine à la reine, décor à quadrilles et petits bouquets.

378 — Un vase forme Médicis, sur socle en porcelaine à la reine.

379 — Deux timbaliers en porcelaine de Saxe, très belle qualité.

380 — Trois oiseaux en porcelaine de Saxe.

381 — Six assiettes en porcelaine de Saxe, décor à oiseaux.

382 — Deux écuelles avec soucoupes, id.

383 — Deux marronnières en porcelaine d'Allemagne.

384 — Cinq salières en émail de Saxe.

385 — Deux corbeilles en porcelaine.

386 — Un groupe en biscuit composé de trois figures, les petits timbaliers.

FAÏENCES ANCIENNES.

387 — Buste d'empereur romain, avec chlamyde émaillée bleu, en faïence de Luca della Robbia. Pièce très remarquable.

388 — Beau médaillon rond en faïence de Luca della Robbia : buste d'enfant au milieu d'une couronne de fruits et de fleurs.

389 — Médaillon en faïence de Luca della Robbia : tête de chérubin de grandeur naturelle, émaillée en blanc sur fond bleu.

390 — Très beau bas-relief en faïence de Luca della Robbia : la Vierge tenant l'Enfant Jésus et entourée d'anges ; relief blanc sur fond bleu.

391 — Bas-relief de forme ronde en faïence de Luca della Robbia : saint Jean l'Evangeliste.

392 — Deux beaux vases en faenza, riches de forme et de peintures, sujets de chasse. Ils proviennent de la vente de M. Baron.

339 — Très jolie coupe en faenza, à pied élevé et d'une forme élégante, décorée intérieurement et extérieurement d'arabesques émaillées en couleurs sur fond blanc, avec peinture au centre.

394 — Un piedestal hexagone en faenza, décoré d'arabesques émaillées en couleur sur fond blanc, et avec petites caryatides aux angles.

395 — Une paire de flambeaux en faïence italienne. Ces deux pièces, de forme élégante, entièrement décorées de paysages et de figures, sont d'une grande rareté.

396 — Belle plaque de forme carré long, représentant le triomphe de Galathée, en faïence italienne.

397 — Une fontaine en faïence en couleur d'Urbino, avec chèvres et berger.

398 — Un écusson armorié en faïence en couleur.

399 — Une coupe de mariage avec couvercle en faïence de faenza, ornée de peintures en dedans et en dehors, et du plus bel émail.

400 — Un grand et beau vase à deux anses, avec couvercle de la fabrique ancienne de Pesaro ; il est orné de bustes d'empereurs et de rinceaux peints en jaune sur fond blanc.

401 — Un plat à piédouche en faïence italienne ; il représente l'hiver avec les trois mois inscrits ; très beau d'émail.

402 — Une plaque circulaire en faïence italienne, représentant la Vierge aux Sept Douleurs.

403 — Un grand plat à reflets métalliques, avec portrait de femme, de la fabrique de Pesaro.

404 — Une bouteille ornée d'arabesques en faïence de la fabrique de Pesaro.

405 — Un grand plat en faïence de Faenza, sujet de mariage, avec bordure d'arabesques.

406 — Un vase à couvercle en faïence de Faenza, sujet : Esther et Assuérus.

407 — Un grand plat à reflets métalliques de la fabrique de Pesaro, avec portrait de jeune fille.

408 — Un grand plat en faïence italienne, avec écusson à tête de cheval.

409 — Un grand plat irisé, décoré d'un buste de femme, faïence italienne.

410 — Un grand plat d'un très beau décor : l'Adoration des Mages, faïence italienne, avec cadre en bois doré.

411 — Un plat en faenza, bordure à sujet de chasse et armoiries.

412 — Un grand plat en faenza, à reflets irisés, et médaillon représentant un buste de femme.

413 — Deux vases formés par des carpes en faïence de Palissy.

414 — Une figurine allégorique en faïence ancienne.

415 — Un grand plat irisé avec portrait de Scipion l'Africain, de la fabrique de Pesaro.

416 — Quinze plats en faïence de Faenza, sujets divers.

417 — Quatre bas-reliefs coloriés en faïence de Bernard Palissy : Jupiter, l'Eté, l'Automne et l'Hiver. Ces bas reliefs sont tous de même dimension. Haut. 31 c. Larg. 23 c.

418 — Un petit enfant sur un dauphin en faïence de Bernard Palissy.

419 — Une aiguière et son plateau en faïence de Rouen, de grande dimension, décorée d'ornements bleus sur fond blanc ; remarquable par son élégance et sa parfaite conservation. — Travail du XVIIe siècle.

420 — Deux grands vases, anses à serpents, en faïence décorée bleu sur fond blanc, avec sujets à figures.

421 — Un médaillon en faïence de Rouen, Claudius en demi-relief sur fond bleu.

422 — Une soupière, canard sur plateau en faïence de Rouen.

423 — Poule et ses poussins en faïence.
424 — Quatre saucières poules,   id.
425 — Une soupière forme choux avec plateau, id.
426 — Une soupière hure de sanglier,   id.
427 — Cinq beaux bas-reliefs en faïence allemande du XVIe siècle, représentant des sujets du Nouveau Testament.

BRONZES D'ART.

428 — Un très beau groupe : Aristée et Protée, en bronze du temps de Louis XIV, par Slodtz père.
429 — Deux statues équestres : une Renommée et Mercure, d'après Coustou, bronzes anciens, sur socles en marqueterie de cuivre et écaille.
430 — Le Faune à la Biche. Bronze florentin d'après l'antique, très fin de ciselure.
431 — Deux grands bas-reliefs en bronze anciens, représentant le Jugement de Pâris et la marche de Silène.
   Ces deux magnifiques tableaux, chefs-d'œuvre d'exécution, sont presque de ronde-bosse, et ont été fondus à cire perdue.
432 — Un bas-relief en cuivre repoussé, sujet de chasse.
433 — Chien assis, bronze florentin, d'une grande finesse.
434 — Buste d'empereur romain, en bronze italien.
435 — Une petite figurine d'Hébé, en bronze antique.
436 — Deux statues de grandeur presque nature : Hippomène et Atalante, bronze.
437 — Une statue de Vénus, de grandeur naturelle, en bronze.
438 — Deux bustes en bronze.

MARBRES.

439 — Julia, fille d'Auguste, buste de grandeur naturelle en basalte, sur piédouche en granit oriental; travail antique très précieux.

440 — Grand vase funéraire en basalte, de forme élevée, avec anses prises dans la masse.
Monument égyptien, unique et d'une parfaite conservation.

441 — Deux aigles en marbre blanc antique, sur plinthes en marbre vert de mer.

442 — Buste colossal de l'empereur Auguste, marbre blanc antique.

443 — Tête d'Hercule en marbre de Paros, fragment antique.

444 — Hercule enfant étouffant des serpents, charmante figure debout en marbre blanc; haut-relief attribué à Jean de Bologne.   Haut. 31 c.

445 — Buste de jeune faune en rouge antique.

445 bis —   Id.   id.   d°   sur piédouche.

446 — Tête de bacchante en jaune antique.

447 — Bas-relief en marbre blanc, représentant des jeux d'enfants, style de François Flamand.
Haut., 16 c.; larg., 46 c.

448 — Médaillon en marbre blanc, portrait d'Estienne Menessarre, travail du XVe siècl.   Larg. 18 c.

449 — Une Petite statuette de femme drapée, en rouge antique.

450 — Un bas-relief ovale en marbre blanc : nymphe sortant des eaux et portant deux cornes d'abondance.

451 — Deux médaillons de haut-relief, en marbre blanc, représentant le buste du Christ et celui de la Vierge : travail du XVIe siècle.

452 — Un bas-relief en marbre blanc, représentant Diane chasseresse, par Jean Goujon, cadre en bois.

453 — Une tête de Diane en marbre pentélique : travail grec. Haut., 38 c.

454 — Une tête d'Apollon aussi en marbre pentélique, de travail grec. Haut., 38 c.

Ces deux morceaux formaient primitivement un double hermès.

455 — Fronton de sarcophage en marbre blanc antique. Haut. 18 c., larg. 46 c.

456 — Marbre antique. — Athlète prêt à entrer en lice et tenant le strigile à la main.

Ce sujet décore le devant d'une stèle en marbre de Paros, surmonté d'un fronton et provient de la collection de M. Reville. Haut. 33 c.

457 — Deux trépieds en marbre jaune antique, supportant des coupes en vert antique et sur socles en porphyre.

458 — Un socle en marbre rouge antique, bas-relief représentant des nymphes et tritons.

459 — Une panthère en pudding, sur plinthe en vert antique.

460 — Hébé : très belle statue en marbre blanc, d'après Canova.

Elle provient de la vente du comte Perregaux.

461 — Deux très beaux vases de forme Médicis, en marbre blanc, à bas-reliefs, sacrifice d'Iphigénie et bacchanale.

462 — Une statue de Flore en marbre blanc.
463 —   Id.   Esculape,   id.
464 — Deux grandes torchères en marbre blanc.
465 — Un buste de jeune fille en marbre blanc.
466 — Une pendule forme stèle et deux vases forme lacrymatoire à anses prises dans la masse; le tout en serpentin.
467 — Une table d'échantillons de marbres et de pierres dures.
468 — Sept paires de vases de jardin, de forme Médicis, en marbre blanc.
469 — Une coupe en marbre brèche.
470 — Un groupe de deux figures, Apollon et Marsyas, marbre blanc.
471 — Un groupe de deux figures, Calliope et Apollon, marbre blanc.
472 — Deux bustes d'hommes en marbre blanc.
473 — Une statue. Vénus callipyge, marbre blanc.

MATIÈRES DURES.

474 — Un grand et beau vase en porphyre rouge oriental, évidé et à anses très légères prises dans la masse, de forme ovoïde des plus gracieuses.
   Cet objet capital, dont le couvercle et le piédouche sont à moulures, est considéré comme un travail du XVIe siècle.   Haut. 44 c.
475 — Une très jolie tasse et sa soucoupe en jaspe sanguin d'une très belle qualité de matière et d'un beau travail, provenant de la Malmaison.

476 — 1 coupe ronde et haute à pied pris dans la masse, en agate orientale mamelonnée.

477 — 1 coupe ovale en agate orientale mamelonnée, pied pris dans la masse.

478 — 1 grande coupe ronde sur pied à tige élevée en agate d'Allemagne, monture en argent doré. — Haut. 16 c., diam. 14 c.

479 — Boite à parfum en jade vert, figurant une branche chargée de 6 fruits. La branche et les fruits se partagent en deux parties égales, les fruits sont évidés et forment autant de cassolettes. — Larg. 14 c.

480 — 1 coupe en jade blanc à anses formées par des branches et des bouquets de fleurs évidées et prises dans la masse.

481 — 1 id.   id.

482 — 1 coupe en jade gris, à anses formées par des branches et des bouquets de fleurs, évidées et prises dans la masse.

483 — 1 coupe ronde en jade blanc à anses prises dans la masse, finements taillés à jours et formant des fleurs.

484 — 1 plateau de forme oblongue en jade gris décoré de 2 animaux chimériques gravés de forts reliefs. — Long. 18 c., larg. 0 135.

485 — 1 grande boite tabatière en jaspe.

486 — Très beau vase en lapis lazzuli entièrement évidé, avec piédouche et anses prises dans la masse. Vase antique des plus remarquables, tant par la

beauté de la matière que par son volume peu ordinaire. Garniture du pied en argent ciselé et doré.

Travail du XVIe siècle.

487 — 1 joli vase en pierre des Amazones, de forme ovoïde, d'une belle couleur, monté en bronze doré, provient de la vente Fiérard.

488 — 2 vases lacrymatoires en albâtre oriental.

488 bis — 4 socles en matières dures.

489 — 1 grand vase en granit globuleux, entièrement évidé, monture en bronze doré.

490 — 1 cuillère en sardoine.

491 — 1 lot de manches de couteaux en jaspe sanguin et agate.

ANTIQUITÉS ÉGYPTIENNES.

492 — 1 petit monument de familles en pierre calcaire représentant cinq personnages debout, avec caractères hiéroglyphiques et légende.

493 — 1 plaque de forme monumentale à fronton ailé, en terre émaillée bleue, avec incrustations rouges, et garnie de 2 scarabées en émail bleu et d'un scarabée en basalte. Au revers : Offrande à Osiris.

494 — 1 figurine fragmentée de Typhon, en terre émaillée, bleu.

495 — 1 scarabée en terre émaillée.

496 — 1 figurine d'Anubis, à tête de chacal, en terre émaillée brune.

497 — 1 ibis et un hippopotame en émail bleu.

498 — Le serpent Agathodemar en terre émaillée, bleu.
499 — 2 figurines de Phré en lapis lazzuli.
500 — 2 figurines de Tmeï dont une très petite en lapis lazzuli.
501 — 1 figure représentant Phtha Patæque en terre émaillée.
502 — 2 figures d'Isis en bronze égyptien sur socles en marbre.
503 — 1 scarabée en lapis lazzuli.
504 — 1 Antilope en terre émaillée bleu.
505 — 1 bélier couché, symbole d'Amon-Ra ; terre émaillée.
506 — 1 Cynocéphale assis ; emblème du second Thoth, terre émaillée.
507 — Isis allaitant Horus, terre émaillée vert.
508 — Trinité formée par Horus, Isis et Nephtys, terre émaillée vert.
509 — Le crocodile, symbole du dieu Sevek, terre émaillée bleu.
510 — La chatte, symbole de la déesse Bubastis ; terre émaillée vert.

VERRERIES ET TERRES CUITES ANTIQUES.

511 — L'Aurore ou Hélius sur quadrige, en pâte vitreuse jaune ; trouvé à Velletri.
512 — 2 masques de Méduse en pâte de verre bleu et jaune. Le plus grand est fragmenté.
513 — Bacchante tenant un thyrse et un canthare. Figure fragmentée, de très beau style, en pâte vitreuse bleu opaque.

514 — Buste de Coré-Sotira couronné d'épis. Pâte de verre irisé, fond violet à reliefs blanc mat.

515 — 2 lacrymatoires en verre antique rayé bleu et blanc.

516 — 1 id. id. fond blanc rayé violet.

517 — 1 amphore en verre antique à deux anses fond bleu rayé jaune et bleu turquoise.

518 — 1 vase forme aiguière en verre antique fond bleu à rubans jaune et bleu turquoise.

519 — 1 id. id. id. plus petit.

520 — 2 pièces vases en verroterie antique.

521 — 1 coupe hémisphérique en verre antique fond vert fabrique étrusque. — Haut. 7 c. diam. 12 c.

522 — Hyllus tenant la tête d'Eurysthée; pâte de verre irisé.

523 — Tête de Méduse, pâte de verre vitreuse blanc opaque.

524 — Sibylle assise entre deux lions; la tête manque. Pâte vitreuse bleue.

525 — Buste de silène barbu, couronné de lierre. Pâte vitreuse blanc opaque sur fond violet.

526 — Le capricorne placé sur une galère, pâte vitreuse jaune.

527 — Le poisson, emblème du Christ. Pâte vitreuse de couleur verdâtre.

528 — Coquille double en cristal de roche, trouvée en 1830 dans un columbarium, près la porte Latine à Rome.

529 — Plusieurs têtes et mascarons en verre antique de diverses couleurs.

530 — 1 tête de Jupiter Ammon, imberbe, à cornes de bélier; plusieurs masques comiques, animaux divers, oiseau diapré de diverses couleurs dont la tête manque. Cet article sera divisé.

531 — Perles en pâte de verre de diverses couleurs

532 — 1 plateau en verre antique violet, mosaïque de tronçons. Fabrique étrusque. Diam. 14 c.

533 — Collection de fragments de pâte de verres remarquable par les morceaux rares et de dessins très variés qu'elle renferme.
Cet article sera divisé.

534 — Verre antique OEnochaé avec ornements jaunes et bleus d'une teinte claire.

535 — Id.   id. fragment de vase en verre blanc irisé; au fond duquel sont tracés les mots suivants entre 2 couches de verre IVNIO SVPERSTITIVITA.

536 — Petit bas-relief en terre cuite provenant d'un étrusque. Echellus. L. 32 c.

537 — Antéfixes en terre cuite antique; tête de Vénus voilée.

538 — Id.   Id.   tête de taureau.
539 — Id.   Id   tête de bœuf avec cornes cannelées.

540 — Une urne cinéraire étrusque en terre cuite, avec bas-relief représentant le combat du héros Echellus. — Haut. 75 c. Larg. 53.

541 — Un bas-relief en terre cuite antique : Silène, Cupidon et Bacchante jouant du tympanum.

542 — Un bas-relief en terre cuite antique : deux prêtresses portant des offrandes au temple.

BOIS SCULPTÉS.

543 — Un petit miroir, dont le cadre repercé à jours, est garni d'ornements en relief; trois petits bas-reliefs représentent les trois âges de la vie; aux quatre angles sont les allégories des quatre saisons; au-dessus se trouve cette légende : PER : CHRISTM. RESVRRECTIO. ET. VITA HVMANÆ. VITÆ. SPECVLVM.

Travail du XVIe siècle de la plus grande rareté et d'une parfaite exécution.

544 — Lettre F en bois sculpté, découpée dans un morceau de bois de 0,013 d'épaisseur. La lettre s'ouvre à charnières et présente deux F adossés, décorés de cinq médaillons sculptés réunis entre eux par des groupes d'enfants et de salamandres.

Cette pièce a dû être exécutée pour François Ier. — Haut. 7 c.

545 — Une croix bizantine en bois sculpté et découpé à jours; les deux faces de la croix sont divisées chacune en quatre compartiments à bas-reliefs, représentant la vie du Christ.

546 — Bas-relief carré long en bois sculpté représentant quinze sujets tirés de la vie de Jésus-Christ. Ouvrage grec du XIVe siècle avec inscription.

547 — Petit reliquaire rond en bois découpé, s'ouvrant en deux parties; à l'intérieur deux bas-reliefs : le Christ à la colonne et saint Jean; ouvrage très fin.

548 — Bas-relief en bois sculpté, croix entourée d'ornements en argent. Sur le sommet de la hampe, Dieu le père étend la main au-dessus de l'hostie; la Vierge, saint Joseph et plusieurs saints sont prosternés en adoration ; plusieurs autres figures terminent cette composition, dont le dessin est très correct et le travail d'une grande finesse d'exécution.

549 — Un grand bas-relief en bois représentant le Christ descendu de la croix et soutenu sur les genoux de sa mère.

550 — Un bas-relief en bois sculpté, représentant l'adoration des Mages. Cadre en bois.

551 — Statuette en bois sculpté : sainte Elisabeth; sur socle en ébène, orné de petites figures.

552 — Statuette en bois sculpté : saint Sébastien.

553 — Statuette en bois sculpté : enfant; sur socle en bois noirci.

554 — Haut-relief en bois sculpté provenant du dossier d'une selle de cheval.

555 — Peigne en bois sculpté, avec ornements en ivoire, repercés à jours, ayant appartenu à Agnès Sorel.

556 — Râpe à tabac, en bois sculpté, sujets divers.

557 — Bas-relief en bois sculpté : portrait de Daniel de Muderbach et de sa femme. Ecole d'Augsbourg du commencement du XVIIe siècle. — Haut. 55. Larg. 1.

558 — Deux cadres italiens à figures et rinceaux en bois sculpté.

559 — Une figurine de saint Jean, id.

560 — Deux groupes de mendiants italiens de deux figures chacun, en bois et ivoire.

561 — Deux statuettes de mendiants italiens en bois et ivoire.

562 — Modèle en bois d'une garde de couteau de chasse.

563 — Portrait de Napoléon, en ivoire, entouré de trophées en bois, par Bonzanigo. Cadre avec ornements en bronze.

IVOIRES SCULPTÉS.

564 — Haut-relief en ivoire sculpté. Hercule combattant Géryon, incrusté dans un socle en marbre vert de mer, dont la plinthe est ornée de deux mosaïques et d'un camée. Beau travail italien. Haut., 14 c.; larg., 11 c.

565 — Un vase de forme cylindrique en ivoire sculpté; sur le pourtour, l'enlèvement de Proserpine en haut-relief. Travail italien. Haut., 11 c.

566 — Statuette en ivoire sculpté, femme debout écrivant sur des tablettes. Travail flamand.

567 — Dyptique en ivoire. Chaque feuille contient deux bas-reliefs, sujets tirés de la Vie de Jésus-Christ. Travail du XIVe siècle.

568 — Beau vidrecome en ivoire sculpté; sujet mythologique, monté en argent doré. Travail italien.

569 — Une paix de forme cintrée, en ivoire sculpté. Travail du XVe siècle.

570 — Une figurine en ivoire; femme costumée à l'orientale, sur socle en ébène. Haut., 16 c.

571 — Bas-relief en ivoire découpé à jours ; bénitier représentant une Descente de Croix, d'après Rubens. Haut., 21 c., larg., 10 c.

572 — Enfant couché sur une draperie, ivoire sculpté.

573 — Jolie pièce provenant d'un jeu d'échecs, en ivoire, la reine à cheval ; sur piédestal en pierre de lard.

574 — Saint Michel terrassant le Démon, grande et belle figure en ivoire, d'un travail remarquable; sur console en bois sculpté et doré.

575 — Un bas-relief en ivoire ; portrait en médaillon ovale d'Anne de Boleyn. Cadre en écaille. Haut., 19 c.

576 — Le Christ descendu de la Croix et soutenu sur les genoux de sa mère, bas-relief en ivoire, dans un cadre à fronton. Travail italien. Haut., 21 c., larg., 16 c.

577 — Le Couronnement de la Vierge, bas-relief en ivoire sculpté. Travail italien dans lequel sont représentés tous les instruments en usage au XIIIe siècle. Haut., 10 c., larg., 75 c. Avec cadre en ébène, décoré de miniatures et d'ornements en bronze doré.

578 — Belle poire à poudre, en ivoire sculpté, sujet de chasse.

579 — Un cornet de chasse en ivoire sculpté, sujet de chasse, monture en acier. Larg., 28 c.

580 — Une râpe à tabac en ivoire sculpté, ornée d'un bas-relief, l'enlèvement de Proserpine. Époque Louis XV. Haut., 28 c.

581 — Deux bustes d'enfant, se terminant en gaîne, ivoire sculpté.

582 — Bas-relief découpé en ivoire, se détachant sur un fond d'ébène. Groupe de six personnages. Haut., 12. c., larg., 6 c. Cadre en ébène.

583 — Un bas-relief découpé en ivoire sur fond d'ébène. Groupe d'enfants. Haut., 13 c., larg., 9 c. Cadre en ébène.

ÉMAUX DE LIMOGES.

584 — Beau coffret en ébène de forme oblongue, avec plaques en émail de Limoges, sujets mythologiques, avec monograme J. C. à l'intérieur du coffret, écritoire également en émail.

585 — Médaillon rond en émail colorié de Limoges : les bustes d'Hérode et d'Herodiade, avec la tête de saint Jean.

586 — Grande plaque en émail de Limoges, colorié à paillons : l'Annonciation.

587 — Les douzes empereurs romains ; médaillons ronds en émail de Limoges coloriés et rehaussés d'or. Diam., 24 c.

588 — Dix autres médaillons empereurs, aussi en émail de Limoges.

589 — Plaque cylindrique : l'Histoire Sainte en émail de Limoges, colorié à paillons ; cadre en bois sculpté.

590 — Grand médaillon en émail de Limoges : tête d'Antonius César, avec inscription, grisaille du XVIe siècle. — Diam., 24 c.

591 — Deux grands médaillons : têtes de Pâris en émail de Limoges ; grisaille de la même époque. — Diam., 23 c.

592 — Tête de Cérès, grisaille du XVIe siècle.
593 — Faustine, grisaille, id.
594 — Antonin, id. id.
595 — Galba, id. id.
596 — Deux plaques ovales en émail de Limoges, à peintures de couleur, rehaussée d'or sur fond bleu : Jupiter tenant la foudre, et Vénus et l'Amour, par Pierre Courtois. Cadre en bois doré.
597 — Grande plaque carré long : la Vierge aux Sept Douleurs, émail de Limoges colorié.
598 — Le Christ, émail de Limoges par Laudin; cadre en ébène.
599 — Portrait d'Eléonore Galigaï, femme du maréchal d'Ancre, avec monograme J. L., peinture en émail de couleurs. — Haut., 13 c., Larg., 10. Cadre en bois sculpté.

BIJOUX ET OBJETS MONTÉS EN OR ET ARGENT

600 — Boîte de montre en or émaillé à l'extérieur et à l'intérieur, sujets divers, peints en émaux de couleurs, du commencement du règne de Louis XIV.
601 — Une montre en or avec émail, portrait de femme.
602 — Une montre en or à cuvette émaillée : la Charité chrétienne.
603 — Une montre en or émaillé, médaillon vase de fleurs, mouvement à secondes de F. Berthoud.
604 — Une montre en or avec émail de Genève, entourée de perles fines.

605 — Montres, chaînes, bracelets, épingles, broches, cachets, cassolettes, boutons de manches, en or et argent, ornés de pierres fines.
Cet article sera divisé.

606 — Une tabatière à pans, en vermeil et émail bleu, ornée de six médaillons, paysages et intérieurs, par Blaremberg.

607 — Une tabatière carrée, en vermeil, ornée de cinq médaillons, paysages par Blaremberg.

608 — Une tabatière en vermeil, ornée de deux médaillons, sujets de chasse, par Blaremberg.

609 — Une tabatière carrée, en porcelaine de Saxe, décor à bouquets.

610 — Une tabatière ovale, en porcelaine décorée fond vert, ornée de six médaillons, avec Amours.

611 — Une tabatière ovale en poudre d'écaille, gorge et galon en or repercé à jours, ornée d'un médaillon en émail, par Petitot ; portrait de femme du temps de Louis XIV.

612 — Une tabatière ovale en or, avec émail de Genève.

613 — Une boîte forme papillon, en or émaillé.

614 — Une tabatière forme navette, en or ciselé et émaillé blanc, ornée d'un médaillon grisaille ; tête de femme.

615 — Une tabatière carrée, en porcelaine de Saxe, fond bleu, à médaillons, sujets pastoraux, monture en or.

616 — Une tabatière ronde, en écaille piquée et incrustations en or et argent.

617 — Une tabatière en argent et écaille, avec incrustations.

618 — Une boîte en écaille, avec piqué et incrustations en nacre.
619 — Une tabatière en silex gris, forme d'une souris, monture en or.
620 — Une boîte à bijoux en jaspe panthère.
621 — Une   id.   id.
622 — Une grande boîte du temps de Louis XVI, ornée d'un portrait de femme.
623 — Un bijou du XVIe siècle. Centaure en or émaillé, avec chaînette, le corps formé par une perle.
624 — Petit reliquaire en or émaillé : sujet de la Passion.
625 — Une croix en cristal de roche, monture en or émaillé et pierres fines.
626 — Une bague en or à maillons brisés.
627 — Un médaillon en vermeil : Gustave-Adolphe.
628 — Un petit bijou filigrane d'or et pierres fines.
629 — Un bijou du XVIe siècle, en or ciselé et émaillé : Syrène ailée, perle noire en pendeloque.
630 — Un très joli reliquaire du XVIe siècle, à six pans, en cristal de roche, monté en or émaillé. Il renferme douze petites figures sculptées dans le même morceau de bois. Travail très fin.
631 — Un autre joli reliquaire du XVIe siècle, à quatre pans, en cristal monté en or émaillé; aux angles, les statuettes des quatre évangélistes; à l'intérieur, un petit calvaire en bois sculpté du travail le plus fin.
632 — Bijou en or ciselé et émaillé du XVIe siècle; il se compose d'enroulements découpés à jours, avec têtes d'anges, animaux et écussons; il est orné d'un camée en corail représentant la tête du Christ et celle de la Vierge, et enrichi d'une grosse perle en pendeloque.

633 — Un bel étui en or émaillé, avec médaillons de fleurs, époque de Louis XIV.
634 — Un petit étui à mouches en or émaillé, à fleurs bleues.
635 — Un étui en or ciselé et laqué : l'Arracheur de dents. — Haut., 10 c.
635 bis — Un cachet en argent, divinité indienne.
636 — Un poignard, manche en lapis lazzuli, fourreau en velours, garni en vermeil.
637 — Un étui en agate monté en or.
638 — Un étui en argent et nacre.
639 — Une bonbonnière en émail fond vert et à bouquets, montée en or.
640 — Une boîte en jaspe sanguin, montée en or.
641 — Un flacon en cristal de roche, à deux anses, découpées à jours, avec support en bois sculpté.
642 — Un Christ formant bénitier, en filigrane d'argent, cadre en bois sculpté.
643 — Un cerf à tête mobile, en argent doré, sur socle en porphyre rouge oriental.
644 — Une statuette équestre de Gustave Adolphe, en argent; la tête de la statuette est mobile. — Haut., 31 c., Long., 30 c.
645 — Une cuillère en argent, surmontée d'une figure de Minerve.
646 — Une châtelaine en vermeil, avec émaux et pierres de couleurs.
647 — Deux pommes de canne en mosaïque de pierres dures.
648 — Un œuf formant boîte en porcelaine de Sèvres, monture en or.

649 — Une pomme de canne en porcelaine de Sèvres, fond gros bleu, décorée de guirlandes de fleurs.

650 — Deux plaques pour couvertures de livres, en argent repoussé, époque Louis XIII.

651 — Un petit manuscrit sur vélin, couverture et fermoirs en argent doré, avec plaques en lapis lazzuli.

652 — Un petit livre d'Heures imprimé, avec couverture et fermoirs en argent repoussé, époque Louis XIII.

653 — Deux lorgnettes jumelles.

654 — Trois boîtes forme tambours, en vernis Martin.

655 — Quatre étuis id. id.

656 — Une boîte en vernis Martin, avec peinture genre Watteau, sur fond or.

657 — Une boîte carrée en vernis Martin, sujet genre de Boucher, monture en vermeil.

658 — Un étui et deux flacons en vernis Martin, montures en argent.

GRAVURES DE BIJOUX ET D'ORNEMENTS DU XVIᵉ SIÈCLE.

659 — Un volume, Liure des ouvrages d'orfeurerie fait par Gilles Légaré, orfeuvre du roy, 1663, 12 pl. in-4, mar. vert, tr. dor. (Petit).

659 bis — Collaert, 1581 à 1582. Dessins gravés de bijoux. Recueil de 22 f. petit in-fol. d.-rel.

659 ter. — Recueils de sujets, gravures, horlogerie et joaillerie, 35 pl. contenant 237 pièces in-fol. dem.-rel.

660 — Un volume in-fol. dem.-rel., Recueil de gravures et dessins, orfèvrerie, vases, ornements, épées, par Hopper, Aldegraver, Rosso, Polidor et autres.

660 bis — Un volume grand in-8, m. rouge, 1561, 40 pl. gravées ; anneaux de Woeriot.

MINIATURES ET PORTRAITS EN ÉMAIL.

661 — Un portrait de madame de La Vallière, émail par Petitot.
662 — Portrait de la grande Demoiselle, id.
663 — Portrait de madame de Sévigné, id.
664 — Portrait de madame de Grignon. id.
665 — Portrait de madame de Souvrai, id.
666 — Portrait de madame de Longueville, id.
667 — Portrait d'Anne d'Autriche, id.
668 — Portrait de madame de Souvrai, id.
669 — Une grande miniature, par Petitot, sur vélin, représentant Louis, duc de Bourgogne, à cheval, dans un cadre en bois sculpté et armoirié.
670 — Une miniature sur vélin, par Petitot, portrait de Colbert, avec entourage à ornements, fleurs et attributs.
671 — Une miniature : Napoléon, par Augustin.
671 bis — Id. Madame Tallien, id.
672 — Id. le prince d'Orange, id.
673 — Une miniature par Klinchten, sujet à trois personnages, cadre en bronze doré.
674 — Une miniature : portrait de madame Roland, cadre bronze doré.

675 — Quatre miniatures, cadres bronze doré.
676 — Une miniature carrée : Femme dessinant, cadre bronze doré.
677 — Une miniature : le Jardinier et la Jardinière, cadre en bronze doré.
678 — Deux miniatures : Adoration des Mages et sujet musulman.
679 — Une miniature : Portrait de madame de Grignon, par madame Charrin ; cadre en argent doré.
680 — Une miniature ; Anne d'Autriche, par mademoi- Charrin ; cadre en bronze doré.
681 — Une miniature : Portrait de femme, par madame Charrin ; cadre en bronze doré.
682 — Une miniature, id. id.
683 — Une miniature de madame de Lavallière, par madame Charrin ; cadre en vermeil.
684 — Une miniature ancienne, dame du règne de Louis XIV ; cadre en bronze doré.
685 — Une miniature ovale : Mademoiselle de Lavallière aux Carmélites ; cadre en bois sculpté et doré.
686 — Une miniature : Jeune femme à la fenêtre ; cadre en bois sculpté et doré.
687 — Une miniature : Bacchante couchée ; cadre en piqué.
688 — Quatre miniatures représentant les saisons, dans un cadre en cuivre doré.
689 — Un émail, portrait de femme ; cadre en écaille piqué d'or.
690 — Deux émaux, portraits de femmes ; cadres en bronze doré.

691 — Un émail moderne, dame de la cour de Louis XIV, cadre en bronze doré et velours.
692 — Un id. id. id.
693 — Un id. id. cadre doré.

LAQUES ET OBJETS DIVERS DE CHINE ET DU JAPON.

694 — Un meuble de forme hexagone, en laque aventurine du Japon, avec dessins or. Haut., 92 c., diam., 45.

695 — Un brûle-parfum en laque usé, à six pans, décoré de paysages, intérieur en cristal.

696 — Une petite cantine en laque rouge à dessins d'or, contenant cinq tiroirs.

697 — Deux boîtes forme de fruits en laque fond or.
698 — Une boîte forme d'une pêche et son plateau, en laque du Japon.

699 — Deux boîtes en forme de cœurs, en laque noir du Japon, avec dessins or, sur socles à même décor.

700 — Deux pittongs de forme hexagone en laque aventurine.

701 — Deux boules chinoises en cuivre dans une boîte en laque rouge sculpté.

702 — Deux petites boîtes forme fruits, en laque du Japon.
703 — Une boîte forme éventail, id.
704 — Une boîte forme double éventail, id.
705 — Une boîte à mouches, en laque, monture en or.
706 — Un vase, forme bouteille, en émail de Chine cloisonné, à dessins divers sur fond d'azur. Travail très ancien.

707 — Deux jardinières de forme ronde, en émail d'un décor semblable à l'article précédent.

708 — Un groupe en bronze chinois, lao-tseu assis sur un cerf.

709 — Mandarin assis sur un rocher en bois de bambou.

710 — Une coupe forme de fruit en malachite, sur pied en bois de fer.

711 — Pittong en bambou sculpté.

712 — Un petit guéridon chinois en bois.

713 — Groupe en pierre de lard marbrée; mandarin sur animal chimérique.

714 — Un buffle couché, en pierre de lard teintée de noir.

715 — Un rocher surmonté d'une branche de tulipier en pierre de lard rose.

716 — Un personnage assis, tenant un sceptre en pierre de lard blanche, sur socle tinté de noir.

717 — Mandarin couché, en pierre de lard rose, tenant une pipe en argent.

717 bis — Porte-allumettes en pierre de lard, découpé à jours.

OBJETS DIVERS DE CURIOSITÉ.

718 — Heures manuscrites sur vélin, in-4, relié en velours rouge.

Ms. de 296 feuillets sur beau vélin, exécuté sous le règne de Charles VI, à la fin du xive siècle; commence par un calendrier, chaque mois est orné de deux miniatures, dont l'une représente le signe du zodiaque, l'autre un sujet qui retrace les occupations de la saison.

Ce manuscrit est en outre enrichi de 47 miniatures, et d'une grande quantité de lettres initiales, parmi lesquelles 28 servent de cadres à de petites miniatures d'une très-grande finesse. Les pages qui renferment des miniatures sont complètement encadrées de légers ornements; celles qui ne contiennent que du texte sont seulement décorées sur la marge extérieure.

Beaucoup de vignettes de ce riche manuscrit fournissent de précieux renseignements sur les costumes, les usages et les mœurs de l'époque où il a été fait. Saint-George fait connaître l'armure d'un chevalier de la fin du XIV° siècle. Les costumes religieux sont reproduits dans plusieurs endroits; les miniatures où sont figurés les évangélistes saint Mathieu et saint Marc apprennent quels étaient les meubles adoptés par les écrivains de cette époque, pour écrire soit sur des feuilles destinées à former des volumes, soit sur des pièces de vélin d'une longueur démesurée et qui devaient être roulées.

La dernière miniature, peinte sur le verso d'un feuillet, représente le portrait de la dame qui a fait exécuter ce manuscrit, qui se termine par plusieurs oraisons en français.

DE LA COLLECTION DE M. DEBRUGE-DUMÉNIL.

719 — Un triptique : l'Annonciation des Bergers, tableau à volets, par Albert Durer. Daté 1505.

720 — Petit triptique : La Nativité, la Présentation au Temple, et la Circoncision. Peinture sur parchemin avec double monogramme des deux frères Luca et Martin Van Valkeshburg. Daté 1597.

721 — Une aiguière et son bassin en étain, de François Briot, d'une conservation parfaite. Époque du XVI° siècle.

722 — Cippe en fer ciselé et damasquiné d'or, bas-relief à sujet mythologique.

723 — Quatriptique en bronze russe émaillé, sujet de sainteté.

724 — Une pendule Louis XVI, marquant les phases de la lune, les quantièmes et les secondes, sur socle en marbre blanc.

725 — Une autre pendule à figures en bronze chinois laqué, ornements en bronze doré; mouvement de Leroy.

726 — Une pendule vase de fleurs en marbre blanc.

727 — Un vitrail suisse, armoiries des cantons.

728 — Un cadre ovale en cuivre, repoussé et doré. Époque Louis XIII.

729 — Une jolie écritoire en bronze doré du XVIe siècle, avec portraits. Armoiries et arabesques gravés au pourtour.

730 — Un petit mortier en fonte de cloche, décoré d'arabesques. Ouvrage du XVIe siècle.

731 — Un coffret en marqueterie, de Boule, avec ornements en bronze doré.

732 — Un pupitre en bois d'ébène, orné de plaques d'ivoire gravé. Ouvrage allemand du temps de Louis XIII.

733 — Une petite plaque en écaille piquée.

734 — Une boîte de forme contournée, en écaille piquée d'or.

735 — Une boîte forme d'un navire, en écaille piquée d'or.

736 — Une poire à poudre, en écaille piquée et incrustée d'or, décorée de sujets de chasse gravés sur nacre de perle, riche monture en or. Époque Louis XIV.

737 — Un éventail en écaille, garniture en argent du temps de Louis XIV.

738 — Un éventail, monture en nacre.

739 — Trois pièces de verroterie vénitienne.

740 — Une petite boîte en cuivre doré, garnie de coraux.

741 — Un grand encrier à chimère, en grès de Flandre.

742 — Un pot à bière en grès de Flandre, à figures et ornements coloriés.

743 — Portrait de Marie-Antoinette, en tapisserie des Gobelins dans un cadre doré

744 — Deux petits groupes d'enfants couchés, en terre cuite, par F. Flamand.

745 — Un groupe en terre cuite : Offrande à Priape, par Clodion.

746 — Huit pipes de Kummer, monture en argent, tuyaux en cerisier et corne.

747 — Trois id. id.

748 — Cinq id. id.

749 — Une pipe de Kummer à figure, monture en argent, tuyau en ivoire et corne.

750 — Cinq pipes turques à tuyaux en bois de jasmin et cerisier, bouquins en ambre.

751 — Une pipe en porcelaine.

752 — Une jolie canne en ivoire dans son étui en bois, du temps de Louis XV.

753 — Deux étuis à pinceaux en bois verni. Travail indien.

754 — Une pendule en terre cuite de Clodion : l'Amour et l'Innocence.

755 — Un joli petit cabinet en marqueterie de bois.

756 — Un médailler en marqueterie de bois.

757 — Un dito dito et ivoire.

758 — Médailles et pièces de monnaies anciennes ou étrangères en or, argent et bronze.

759 — Sous cet article seront compris tous les objets omis au présent catalogue.

Paris. — **MAULDE ET RENOU,** *Imprimeurs de la Compagnie des Commissaires-Priseurs, rue de Rivoli, 144.*

www.ingramcontent.com/pod-product-compliance
Lightning Source LLC
Chambersburg PA
CBHW030049230526
45471CB00003B/1012